POESÍA

Misceláneo

Llilli López

ECOEDICIÓN

Este libro se ha impreso según las necesidades del mercado. La aparición del sistema de impresión digital ha permitido que se puedan poner en práctica nuevas formas de trabajo que a su vez pueden suponer mejoras ambientales. Entre ellas se encuentran: La Impresión bajo demanda (print on demand) que permite disponer de un producto gráfico concreto en un periodo de tiempo muy corto, evitando costes de almacenamiento e incluso de transporte, y la Impresión distribuida, que permite que se pueda imprimir el producto gráfico en cada lugar, sin costes de transporte ni distribución del material impreso. En Editorial Anáfora ajustamos la producción a la demanda real (ajuste de la tirada). También creamos el libro en formato digital (epub o PDF) y ajustamos la publicación impresa a formatos estándares basados en los pliegos de imprenta. Por otro lado, utilizamos encuadernaciones en rústica (tapa blanda) si el tipo de publicación lo permite, elaboramos márgenes adecuados a la publicación y al público, e incentivamos al lector para que adopte actitudes más sostenibles (promover el reciclado, bookcrossing, etc.).

Primera edición: julio 2025

ISBN: 979-13-990163-8-3
Depósito Legal: MA 913-2025

© Llilli López, 2025
© Editorial Anáfora, 2025

Diseño y maquetación:Editorial Anáfora
Ilustración de portada: Llilli López

Edita: Editorial Anáfora
www.editorialanafora.com
info@editorialanafora.com

Impreso en España 2025

PRÓLOGO

Para mí, la poesía es otra forma de expresión. Siempre hay algo que vemos, oímos o las propias vivencias hacen que después fluya en nuestra mente. A veces es un suceso que alguien nos contó y sin haberlo premeditado nos aparece espontaneo y fresco en forma de poesía, pintura o música. Los sucesos actuales que oímos a diario nos influyen también. Porque el Arte en todas sus formas es como la vida misma: siempre tienen algo de realidad. El Arte es emoción y sentimiento.

Solo espero que cuando leais mis poesías
sintais la misma emoción que yo al escribirlas.
Gracias.

AL LECTOR

Al no medir versos ni poesía

Solo escribo lo que siente el alma mía.

¿Es pareado? ¿Es un terceto?

¿Es una rima? ¿Es un soneto?

¡Son sentimientos!

Expresados a solas, y en mis silencios.

EL POETA

Palabra que define
Con sabor popular
Al que en su mundo vive.

Lo vemos escribiendo.
Mirando a un punto
Donde fragua sus sueños.

Es poesía lo que en su mundo habita.
Una flor, una palabra, el amor,
Todo ello palpita a su alrededor.

Cuando lo ven pasar, las gentes dicen:
«Es el poeta». Algunos con respeto,
Otros, como si fuera alguien de otro planeta.

Y son ilusos.
¿Por qué, no saben?
Que es la poesía la flor del mundo.

DESVARÍOS

¿Qué sería de mí si no te viera?

Sería como si el sol

A otro país se fuera.

La luna, al no verte,

De su escondite no saliera.

Los pájaros a sus nidos no volvieran.

La lluvia, al caer,

Los campos no nutriera.

Y para poder vivir

No se naciera.

Entonces, dime mi amor,

¿Qué sería de mí si no te viera?

¿CÓMO SE MIDE EL VALOR DEL AMOR?

¿Cómo se mide el valor del amor?

El diamante se mide

Según su pureza.

El poderoso,

Según su riqueza.

El valiente,

Según sus proezas.

El sabio,

Según su sapiencia.

El anciano,

Según su experiencia.

Y así, habría

Un largo etcétera.

Pero, ¿y el amor?

¿Cómo se mide el valor del amor?

Para esta pregunta,

¿Hay alguna respuesta?

LA MODELO AL PINTOR

Y fue aquel día
Cuando yo me di cuenta que te quería.
Tú me pintabas y me decías
«Mi chiquita piconera»; yo me reía
Y entre risas y bromas la tarde transcurría.

La magia de tus cuadros
Y el olor de tus lienzos, que mi ropa impregnaba.

Como vino dulzón mi cabeza embriagaba
El pincel que, en tus manos, con destreza movías.
Hacías que fueran mágicas las horas de aquel día.

La luz, que a raudales por la ventana entraba,
Hacía extraordinario el perfil de tu cara.
Y fue aquella sensación que mi cuerpo sentía
Cuando yo me di cuenta que te quería.

LA BELLEZA

Su perfil era bello

Hermosa su cara

Erguido y orgulloso

Sabiendo que a su paso

Admiración causaba.

Pero los años inexorables pasan

Perdemos la esbeltez

Pues las dolencias mandan

La realidad se impone

Sin poder engañarla.

Así que cultivemos

La bondad en el alma.

Y cuando lleguen los años

Que inexorables pasan

Tendremos la belleza

Que el tiempo nos regala.

¡CUÁNTO SABES DE AMOR!

Cuánto sabes de amor.

¡Oh, alma mía!

Cuando volvías

Y a mí llegabas,

Con un abrazo tierno

Yo te esperaba.

Con impaciencia,

Paso a paso

El tiempo lo contaba.

Y la brisa fresca

que traías,

Con un suave susurro

Me decía:

Cuánto sabes de amor

¡Oh, alma mía!

TAL Y COMO ERA

Allí estaba él
Sentado en una mesa,
Cual felino que atento
Va acechando a su presa.

Su mirada tenía
Una extraña fijeza,
Como tigre que espera
Y selecciona su presa.

Entonces yo le vi,
Tal y como era.
Salí de allí corriendo
Para que no me viera.

Sintiendo asco, rabia
Y una oculta tristeza.
La vida nos enseña
Y nos da la experiencia.

EL VIEJO ALGARROBO

Ese viejo algarrobo
Que orgulloso se alzaba
Con el tronco gastado
Y sus hojas brillantes y aseadas,
Cuántas historias hay
En sus ramas ajadas
Como viejo guerrero
Que aguanta su coraza.

Debajo de aquel árbol
Donde mis hijos
Reían y jugaban
Hoy estuve a su sombra
Y cosa extraña,
Sus ramas ya no daban
Alegría ni frescor
A mi alma cansada.

FACTURAS DE AMOR

Gimiendo de amor, el alma mía,

Como tronco que arde y el fuego quema

Así mi corazón, en su condena,

Se ennegrece y grita corrigiendo

Lo que arreglo no tiene

Y va diciendo:

Tan fuerte y seguro te sentías

Que bajaste la guardia

Y, en tu osadía, dejaste

Como guerrero altivo tu coraza.

Ya, al descubierto, entró la flecha

Que, certera, atravesó tu pecho

Y lo que tú creíste

Jamás, nunca sentirías,

Te hizo que pagaras

Las facturas del amor

Pendientes, que tenías.

EL ENGAÑO

La blanca luna

Nos miraba y parecía

Que con su resplandor

Me lo advertía

Se ve que...

Con tu práctica y palabrería

A otras llevaste

Al mismo lugar

Donde me conquistaste.

¡Pobre alma mía!

Nos hiciste a todas

Lo que decías

Con tus palabras vanas

Que nunca harías.

SUEÑO HERMOSO

Al sentir el aliento

Que en mi espalda quemaba

Al volverme, la luz ya amanecida

Se reflejó en su cara.

Sus ojos y su voz

Me embriagaban.

No muy lejos,

Alguien en la oscuridad me observaba

Y su timbre, intermitente y tonto,

De aquel sueño hermoso

Me despertaba.

LA DESILUSIÓN

Mírame a los ojos.

¿No ves, allá lejos,

Una luz sin brillo?

Y dirás ¿qué es eso?

La desilusión

Que se coló dentro.

Y dirás, también,

¿Por qué ríes y hablas

Sin tino y sin freno?

Para olvidar cosas

Que llevo sintiendo.

Una de ellas es

La desilusión,

Que se coló dentro.

YA NO TE QUIERO

Sabes lo que te digo:

Que no te quiero.

Por ser liante

Y un embustero.

En Andalucía,

La tierra mía,

El corazón

Es frágil y delicado

Y tú lo tratas

Como si fuera

«Jarrillo lata».

Con tanto que decías

Que me querías,

Que me querías,

Que me querías.

BATALLA DE AMOR

Tu corazón, curtido
En mil y una campaña,
Se enfrentó con el mío
En desigual batalla.
Tú, como guerrero diestro,
Escondiendo tus armas.
Yo, como lady Godiva,
Con mi cabello al viento
Y blandiendo mi espada.
Nos miramos de frente
Y empezó la batalla.

En el primer combate,
Caí ya derrotada.
Con mi espada perdida,
A tu merced estaba.
Yo te miré a los ojos,
Herida y desarmada.
Pero, tu corazón curtido
En mil y una campaña,
Se te salió del pecho
Y gané la batalla.

COMO CUENTO DE HADAS

Qué bonito recuerdo

Nos quedó de aquel día

Flores en la mesa

Risas y parabines.

Y vosotros, como actores

Principales, radiantes y felices

Como si fuera un sueño

O en un cuento de hadas

Y aquel baile sorpresa,

Príncipe y princesa,

En el centro danzaban

Como si fuera todo

Un gran cuento de hadas.

DESESPERACIÓN quien perdió todo en la guerra: sus hijos, su familia y su casa

Sí, morir es lo mejor,

¿Y si viviera?

Para sufrir no,

Prefiero morir

Mil veces muerta

Y aún me asusta la muerte,

Es tan quieta,

Sin esperanza ya en esta vida

No puedo ni soñar.

¿A qué esperar, mi Dios?

Sí, morir es lo mejor.

Pues si estando viva

Vivo muerta,

Si muero, quizás viva.

ELLOS CORREN Y CORREN

Noche tras noche
Mientras todos descansan
Oigo voces de niños
Que no saben qué pasa,
Solo saben que huyen
Dejando atrás sus casas
Y ellos corren y corren
Sin haber hecho nada
Con el frío en sus cuerpos

Y las ropas mojadas.
Solo aquellos estruendos
Que en las calles les asaltan,
Las bombas que destruyen
Proyectos y esperanzas.
Y ellos siguen corriendo
Sin saber lo que pasa,
Solo saben que huyen
Sin haber hecho nada.

¿POR QUÉ MIS MANOS CALLAN?

La verdad que no sé
Por qué mis manos callan
¿Será la inspiración?
Que se fue silenciosa
Y no me dijo nada,
Pájaros y flores
Que mis manos pintaban,
También a la luna
Cuando al mar se asomaba
Donde había tormentas
Que barcos agitaban

Y bellas bailarinas
Que con gracia danzaban.
Había también denuncias
De las causas perdidas
Que en mis lienzos plasmaba
Y ahora ya no sé
¿Por qué mis manos callan?
Será la inspiración
Que se fue silenciosa
Y no me dijo nada.

EL NIÑO FELIZ

Sus manitas frías
Apretaban el viejo juguete
Que alguien le daba.

Le brillaban los ojos
Con la ilusión del niño
Que nunca tuvo nada.

Con pasitos ligeros corría
Cogido de su madre
Que su mano apretaba.

Y ella a duras penas
Contenía unas lágrimas
Que silenciosamente
Por su cara bajaban.

Y EL MUNDO NO HACE NADA

Mamá, ¿dónde vamos?

Mi madre mirándome asustada

Me dice muy bajito:

Con los abuelos a casa.

Mi padre lleva en brazos

A mi pequeña hermana

Yo voy detrás de ellos

Y llevo a mi perrito

Que con fuerzas me abraza

No tengo miedo porque mi padre dice

Que hay que ser valiente

Porque el miedo no es nada.

Recorriendo las calles

En la larga mañana

Van otras familias

Cansadas y asustadas

Se oyen unos estruendos

Y en el suelo quedaban

El niño y su perrito

Que asustado aullaba

Las noticias dicen:

Han muerto veinte niños esta misma mañana.

LA SONRISA DE UN NIÑO

¿Por qué nos gusta tanto la sonrisa de un niño?

Él no tiene recuerdos de las cosas pasadas

Solo tiene futuro en su linda mirada

Hagamos que así sea, haciendo un mundo nuevo

Sin nada que estorbe la sonrisa de un niño

Y su linda mirada.

ANEXO

Dedicado a mi nieta Lara Sofía.

¿QUÉ ES LA GUERRA?

Cogiéndome la mano

Con su carita impactada

Me preguntas ¿qué es la guerra?

Y sin poder explicarte

Con voz entrecortada

Reflexionando digo:

Ambiciones cruzadas

Desolación y muerte

Los inocentes pagan

Y los que no la quieren

Van a la batalla.

¿Y por qué la hacen, abuela?

Yo esa pregunta

No puedo contestarla.

¿Y DIOS, QUIÉN ES DIOS?

Y Dios, ¿quién es Dios, abuela?

A quienes todos hablan

Y quieren que les escuche

Sin poner en práctica

Lo que dice su palabra.

¿Y EL AMOR, ABUELA?

¿Y el amor, abuela?

¿Qué es el amor?

Sin saber cómo explicarlo

Le digo: Tú quieres a tu perrito,

Lo cuidas, lo paseas,

Lo acaricias, le hablas,

No quieres que le dañen

Que nadie le haga nada.

Eso es el amor,

¿Lo has entendido?

Sí, abuela, a ti también te quiero.

LA VIDA, ¿QUÉ ES LA VIDA?

Y la vida, abuela, ¿qué es la vida?

Ven, escucha,

¿oyes unos golpecitos dentro de mi pecho?

Eso es la vida, el corazón latiendo,

Y cuando tú corres, él también va corriendo.

Pues vámonos al parque, abuela,

A saltar con mis amigos,

Y así seguir oyéndolo.

¿QUÉ ES POESÍA?

Abuela,

Porque en el libro

Pones Poesías.

¿Qué es poesía?

Y tú me lo preguntas,

Poesía eres tú: Lara Sofía.

ÍNDICE

Una mención especial a mi amiga y poeta Isabel Romero,
por su dedicación y amor a la poesía.
Y a todos mis conocidos poetas y escritores:
María Carmen Fernández Rivera, José Sarria,
Dani Moscugat, Antonio García Pereira, María Isabel Castro Rivera,
Inmaculada Haro, Teresa Antarea, etc.

Humildemente, por mi osadía de intentar ser poeta.
Llilli López.

Este libro se terminó de imprimir en Málaga en julio del año 2025